対訳でたのしむ

花筐

はながたみ Hanagatami

檜書店

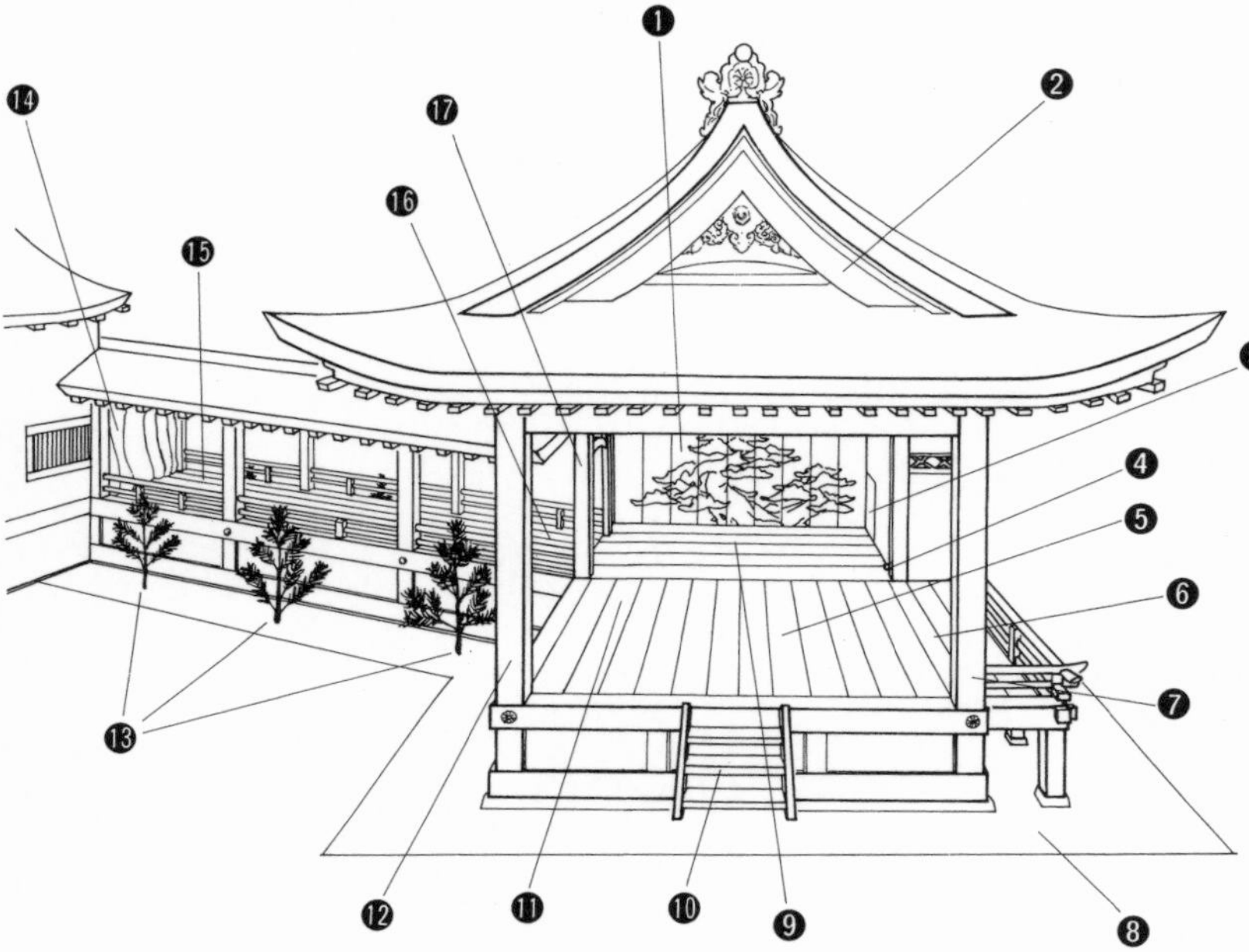

❶老松が大きく描かれた鏡板《かがみいた》。背景というよりも舞台の一部というべきか。

❷屋根　昔の名残をとどめたもの。屋外の能舞台を建物のなかに取り込んだのは明治以降のこと。

❸切戸口《きりとぐち》　舞台奥の右手側面にある引戸のついた低い出入口。地謡《じうたい》方や後見《こうけん》方が出入りするところ。

❹笛柱の下に鐘をつるす綱を通す環がある。また天井には鐘をつりさげる滑車がつけられ、〈道成寺《どうじょうじ》〉の鐘をつるすためにのみ使われる。

❺６メートル四方の舞台には檜が縦に張られている。

❻地謡《じうたい》座　地謡方が座る位置。

❼ワキ柱　ワキ方が常にこの柱の側に座るのでこの名がある。

❽白州《しらす》　能舞台が屋外にあった時の名残。玉石が敷かれている。

❾後座《あとざ》　檜が横に張られている。向かって右から笛、小鼓、大鼓、太鼓が座り、左後方に後見方が座る。

❿階《きざはし》　舞台の開始を寺社奉行が命じる時などに使用したころの名残。

⓫常座《じょうざ》　舞台に入ってきたシテなどがまず足をとめ、所作の基点となる位置。

⓬目付柱《めつけばしら》　能面をつけ極度に視野が狭められた演者の目標となる柱。

⓭舞台のほうから一の松、二の松、三の松と、順に小さくして遠近感を出している。

⓮揚幕《あげまく》　演者の出入りに際し、二人の後見が竹竿を上げ下げする。

⓯橋掛《はしがか》り　演者が出入りする通路であるとともに、舞台の延長としての重要な演技空間でもある。

⓰狂言《きょうげん》座　間狂言が座り、控えている所。

⓱シテ柱　シテが常に立つ常座《じょうざ》の近くにあるため、この名称がある。

✣対訳でたのしむ✣

花筐

はながたみ

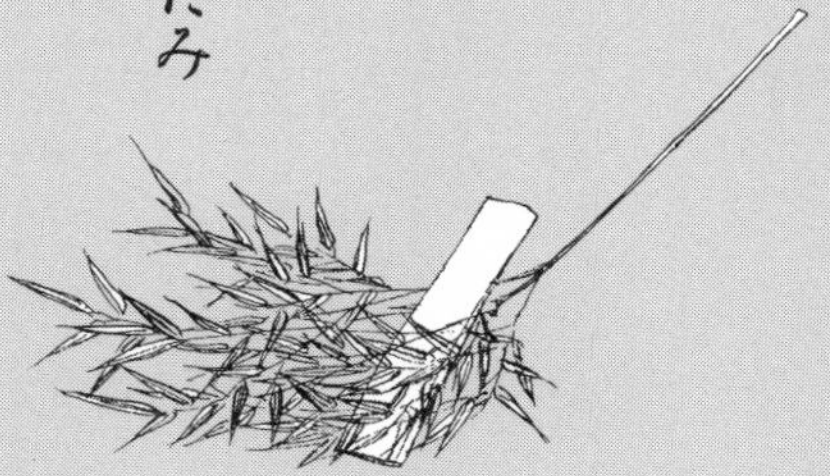

檜書店

目次

凡例

一、下段の謡本文及び舞台図（松野奏風筆）は観世流大成版によった。
一、下段の大成版本文は、横道萬里雄氏の小段理論に従って、段・小段・節・句に分けた。それらはほぼ上段の対訳部分と対応するように配置した。
一、小段名は舞事などを含む囃子事は〔　〕で、謡事は【　】で括り示した。
一、対訳本文の段は算用数字の通し番号で示して改行し、はじめにその段全体の要約と舞台展開、観世流とその他の流派との主な本文異同を中心に説明を付した。

花筐（はながたみ）

西村　聡

〈花筐〉（はながたみ）

越前国味真野《あじまの》（現福井県越前市）に住む男大迹《おおあとべ》の皇子の使者（ワキツレ）が、皇子の寵愛《ちょうあい》する照日《てるひ》の前（前シテ）を実家に訪ね、「皇子は武烈天皇の後継者に選ばれ今朝早く上洛した」と知らせる。使者はまた皇子から預かった玉章《たまずさ》（手紙）と花筐（花籠《はなかご》）を照日の前に手渡す。照日の前は皇子の即位を祝福し、二人で過ごした日々の名残を惜しむ。皇子の玉章を読み上げてみると、「私のことを信頼せよ」と書かれていた。照日の前は玉章と花筐を抱いてひとり残された悲しみに耐える（中入）。

半年後、大和国玉穂の都（現奈良県桜井市・橿原《かしはら》市付近）では継体《けいてい》天皇（子方）が官人《かんにん》（ワキ）・輿舁《こしかき》（ワキツレ）を従えて紅葉《もみじ》見物に行列を繰り出している。天皇の迎えを待ちきれない照日の前（後シテ）は、侍女（ツレ）を伴い、物狂《ものぐるい》の姿となって玉穂の都をめざす旅をしている。二人は天皇の行列の前を遮《さえぎ》り、見咎《みとが》めた官人が侍女の手に持つ花筐を払い落とす。二人は天罰を恐れよと騒ぎ立て、照日の前は皇子の面影を慕い、都まで来ても隔たりのあることに心を乱して泣き叫ぶ。

これを見た天皇が御前で面白く狂い舞うよう官人を介して命じると、照日の前は天皇の姿を拝めるかと喜び、気分を一新して「李夫人《りふじん》の曲舞《くせまい》」を語り舞う。天皇は舞い終えた照日の前に再び命じて、花筐を官人の手に差し出させる。天皇はそれを自分の花筐であると認めて、玉章に書いた約束を違《たが》えず、照日の前を元のとおり召し使うと公言する。照日の前は天皇の恩寵《おんちょう》と花筐の功徳《くどく》を思い知る。天皇は供奉《ぐぶ》の人々を従えて玉穂の都に還幸《かんこう》し、照日の前も晴れて都へ伴われて行く。

《この能の魅力》

虚構の女主人公は照日《てるひ》の前と名付けられた。男が毎朝花を供えて礼拝した伊勢の大神に通じる呼称である。男の礼拝する姿を見守った女は、男の用いた花筐を継承して、即位した男と共に天照大神《あまてるおおんがみ》の加護を受ける。再会を果たした上（古演出の小書「安閑留《あんかんどめ》」では安閑天皇を産み）、この先二人で皇統の栄えを新たにしてゆく。

春の別れは男の意志に発し、女は男の手紙に記された「秋の頼み」を待つ。親子物狂《ものぐるい》能の母親なら、子の失踪《しっそう》を知るや直《ただ》ちに行動を起こすであろう。しかし本曲の男の居所は皇居と定まり隠れもない。女は迎えの時を半年待って、「及ばぬ恋」の焦りを抑えがたく、南へ渡る雁《かり》の跡を飛び立つように追走する。道中、情報収集のため人だかりに身を置いて〝狂い〟を洗練するいとまはない。

男が「秋の頼み」を約束したのは、「秋の田の実（稲）」の収穫が政情を安定させ、その頃宮作りも調《ととの》うと予測したらしい。紅葉《もみじ》の御幸《みゆき》は政権掌握《しょうあく》の仕上げに位置する。女との再会と認知は祝賀の気分をさらに高揚させたに違いない。一方、再会以前の女には男の事情を察する余裕はない。物狂の形相《ぎょうそう》で道行く人をたじろがせ、［カケリ］を挟み上《うわ》の空で駆け抜けてゆく。その勢いで男の行列と衝突《しょうとつ》した女は［クルイ］の言葉を募らせて泣き叫ぶ。そこまでは自身の心情を吐露《とろ》するのであり、どれほど巧みに表現できていても、女の〝狂い〟は遊女・芸能者の芸尽くしと同類でない。

しかし「面白く狂うて見せよ」との男の命令は女の〝狂い〟を一変させる。この時、狂うことは曲舞《くせまい》を語り舞う意味に転換する。李夫人を寵愛《ちょうあい》する漢王の故事は、我が身に重ねてそらんじるからこそ、素人の女もためらいなく選曲したのであろう。女は男の期待にこたえ、男の前途を清める〝狂い〟に成功する。約束を守る誠実な継体《けいてい》天皇像は、こうして花筐を託された照日の前が伝説化したといえる。

【作者】『五音《ごおん》』上「恋慕」に作曲者名を記さず本曲の［文］冒頭を引き、『五音』下に観阿弥作曲「李《り》夫人《ふじん》の曲舞《くせまい》」の全文を引く。これを借用した世阿弥晩年の作。

【題材】『日本書紀』・『神皇正統記』。継体天皇は、先帝崩御時五十七歳。越前の三国に使者を迎え、玉穂への遷都に二十年を要した。

【場面】

前場　越前国味真野。照日の前の実家近く。

後場　大和国玉穂の都近郊。

【登場人物】

前シテ　照日の前（面は若女。また深井・小面・増など）

後シテ　同人・狂女（面も同様）

ツレ（後）　侍女

子方（後）　王（継体天皇）

ワキ（後）　官人

ワキツレ（前）　使者

ワキツレ（後）　輿舁（二人）

1

使者の登場　男大迹《おおあとべ》の皇子に仕える使者（ワキツレ）が文（手紙）を懐中し、花筐（花籠）を左手に持って登場する。常座に立って、皇子が即位することになり、今朝早く上洛したので、寵愛される照日の前に文と花筐を届けに行く旨を述べる。「男大迹」（継体即位紀は男大迹《おおど》）を宝生は「男大迹辺」、金春は「大迹部」とし、喜多は「オオアトメ」と読む。下掛り諸流は都からの使者の到着が「昨日の暮程」であったとする。その他、各流の本文に小異がある。

使者

私は越前の国味真野《あじまの》という所においでになる、男大迹《おおあとべ》の皇子《おうじ》にお仕えする者であります。さてまた都からお使者があり、武烈《ぶれつ》天皇の御代を味真野の皇子にお譲りなさるとのことです。お迎えの人々が下向して、我が君は今朝早くに都へお上りになりました。そこで、近ごろおそばに置いて御寵愛《ごちょうあい》なさる照日《てるひ》の前が、しばらく里下

［名ノリ］

ワキツレ〽これは越前《ヱチゼン》の国味真野《クニアヂマノ》と申す所に御座候、男大《ヲオ》迹《アトベ》の皇子《ヲオジ》に仕《ツカエ》へ申す者にて候、さても都《ミヤコ》より御使《オンツカイ》あつて、武烈《ブレツ》天皇の御代《ミヨ》を、味真野の皇子に御譲《オンユヅ》りあり、御迎《オンムカイ》ひの人々まかり下《クダ》り御供《オントモ》申し、今朝《ケサ》疾《ト》く御《ゴ》上洛《ショオラク》にて候、さる間《アイダ》この

がりしておいでのところへ、急な御上洛につきお手紙と毎朝お手に馴れた花籠をお遣《つか》わしになります。私に持参せよとの御下命ですので、ただ今照日の前のお里へと急ぐところであります。

2

使者と照日の前の応対　使者（ワキツレ）が照日の前の里（実家）に向かって、橋掛りの方へ歩み始める。照日の前（前シテ）が幕から登場し、使者は一ノ松、照日の前は三ノ松に立って問答となる。使者は使いの趣旨を述べ、文と花筐を照日の前に渡す。照日の前は涙をおさえて名残を惜しみ、舞台へ入る。使者は幕へ退場する。照日の前は常座に座り、花筐を置いて文を両手で広げる。

各流の本文に小異がある。

使者　やあうれしいことに照日の前がお出ましである。ここでお伝えしよう。

使者　もうしお話がございます。

程御寵愛《ゴチョオアイ》あつて召し使は《ワ》れて候、照日《テルヒ》の前《マエ》と申す御《オン》方《カタ》、この程御暇《オンニトマ》にて御里《オンサト》に御座候が、かの御方《オンカタ》へ《エ》俄《ニワ》かの御上洛《ゴショオラク》に就《ツ》き、御玉章《オンタマヅサ》と朝毎《アサゴト》に御手《オンテ》に馴《ナ》れし御《オン》花筐《ハナガタミ》を参らせられ候を、某《ソレガシ》に持ちて参れとの御事《オンコト》にて候程に、只今《タダイマ》照日の御里へ《エ》と急ぎ候

[□]

ワキツレ〽あら嬉しやこれへ《エ》御《オン》出《ニ》で候よ、これにて申し候べし

[問答]

ワキツレ〽いかに申し候

照日の前　なにごとでございましょう。

使者　我が君は都からお迎えが下向し、御即位が決まって、今朝早く都へお上りになりました。またこのお手紙とお花籠を、しかと差し上げよと仰せであります。さあさあこれを御覧ください。

照日の前　では、我が君は御即位が決まり、都へお上りになりましたか。誠におめでたいことでございます。とは申せ、御寵愛を賜った日々の思い出は、いつまでも忘れようがありません。ああお名残惜しい。けれども私をお忘れにならず、お手紙を残し置かれました。もったいないことです。お手紙急いで拝見いたしましょう。

3

照日の前の詠嘆と中入　照日の前（前シテ）は皇子の文を読み上げる。読み終わると涙をおさえて文を畳み、文と花筐を持って立ち上がり、〔アシライ〕の囃子で中入する。

シテ〽何事にて候ぞ

ワキツレ〽我が君は都より御迎《オンムカイ》ひ下《クダ》り、御位《オンクラヰ》に即《ツ》かせ給ひ《イ》、今朝《ケサ》疾《ト》く御上《オンノボ》りにて候、又《マタ》これなる御文《オンフミ》と御花筐とを、確《タシ》かに参らせよとの御《オン》事《コト》にて候、これこれ御覧《ゴラン》候へ《ソオラエ》

シテ〽さては我が君御位《キミオンクラヰ》に即《ツ》かせ給ひ《イ》、都へ《エ》の御上《オンノボ》り返す返すも御めでたう《トオ》こそ候へ《エ》とよさりながら、この年月《トシツキ》の御名残《オンナゴリ》、何時《イツ》の世にかは忘るべき、あら御《オン》名残惜《ヲ》しや。されども思《オボ》し召し忘れずして、御玉章《オンタマヅサ》を残し置かせ給ふ《タモオ》事のありがたさよ、急ぎ見参《ミマヰ》らせ候は《ワ》ん

照日の前　「私は応神天皇の尊い血筋を引きながら帝位にのぼる身でないが、天照大神の神孫であるゆえ毎日伊勢を遙拝申し上げている。その信心が神に通じたのか、群臣の協議により天皇に選び出され、遠い都の禁中に迎えられることになった。それでも私たちは、空を行く月のように、秋には再び巡り逢えるであろう。その約束にこれを残しておくぞ。
『ともかく私を信頼することだ。二人で親しく眺めた月は、しばらく雲に隔てられても、すぐにまた顔を出したではないか』。」

地　我が君が書き置いてくださった筆の跡だけが残り、後に残る私も悲しい。

地　我が君と共に住んでいた時でも寂しかったこの山里に、私は夜明けの残月のように一人残った。私の心など春は知らぬ顔で過ぎ、杉の木の間を吹く松風も、花を散らすと恨めしかったのが、いつしか花の跡を偲ぶものとなった。私は我が君の懐かしいお花籠とお手紙を胸に抱いて実家

［文］
シテ　〽我応神《オオジン》天皇の尊苗《ソンビョオ》を継《ツ》ぎながら、帝位《テイヰ》を践《フ》む身にあらざれども、天照大神《アマテルオオンガミ》の神孫《シンソン》なれば、毎日《マイニチ》に伊勢を拝《ハイ》し奉《タテマツ》りし、その神感《シンカン》の至《イタ》りにや、群臣《クンシン》の選《エラミ》に出《イダ》されて、誘は《イザナワ》れ行《ユ》く雲の上、廻《メグ》り逢ふ《オオ》べき月影《ツキカゲ》を、秋の頼みに残すなり、頼めただ袖ふれ馴《ナ》れし月影の、暫《シバ》し雲居《クモヰ》に隔《ヘダ》てありともと

［下ゲ歌］
地　〽書き置き給ふ《タモオ》水茎《ミヅグキ》の、跡に残るぞ悲しき。

［上ゲ歌］
地　〽君と住む、程だにありし山里《ヤマザト》に、程だにありし山里に、独《ヒト》り残りて有明《アリアケ》の、つれなき春も杉間《スギマ》吹く、松の嵐も何時《イツ》しかに。花の跡とて懐《ナツ》かしき、御花筺玉章《タマヅサ》を、抱《イダ》きて里に帰りけり、抱きて里に帰りけり。

に帰るのであった。

【中入（アシライ）】

〔アシライ〕小鼓・大鼓による、リズムに乗らない静かな退場楽（笛が加わることもある）。シテはこの囃子の間に中入《なかいり》する。

4

継体《けいたい》天皇と官人《かんにん》・輿舁《こしかき》の登場　〔次第〕の囃子で継体天皇（子方）を先立てて官人（ワキ）・輿舁（ワキツレ）が登場する。舞台演出上は輿舁は輿の作り物を天皇に差し掛ける。本文上では天皇は「車」に乗るとされる。一行は「御幸の車早めん」と謡い、整然と行列を進めて、天皇は脇座へ行き、床几《しょうぎ》に腰を掛ける。官人は地謡前に、輿舁はアト座に座る。

金春・喜多は〔次第〕の「高照らす」を「天照らす」、〔サシ〕の「継体天皇」を「継体の君」、同じく「あらたなり」を「あらたまり」とする。その他、各流の本文に小異がある。

〔次第〕小鼓・大鼓の演奏と笛の間奏による、リズムに乗らない登場楽。子方・ワキ・ワキツレはこの囃子の間に登場する。

官人 輿舁 天皇の恵みは空高く照らす日光のように行きわたる。今日は照り映える紅葉を御覧にお出かけだ。さあ行列を進めよう。

官人 恐れ多くも我が君は、応神天皇の五代の皇孫、男大迹《おおあとべ》の皇子と申し上げたが、今年御即位の儀が終わり継体《けいてい》天皇と申し上げる。

輿舁 御即位により平和な御代が到来し、天皇の御威光は日本の名にふさわしく輝いている。

官人 天皇は大和の国玉穂の都に、

輿舁 今新しく宮殿を造営なさり、

官人 御威光はいよいよ顕著である。

〔次第〕

［次第］

ワキ ワキツレ 〽君《キミ》の恵《メグ》みも高照《タカテ》らす、君の恵みも高照らす、紅葉《モミヂ》の御幸早《ミユキハヤ》めん。

［サシ］

ワキ 〽かたじけなくもこの君は、応神《オオジン》天皇五代《イツヨ》の御末《オンスヱ》、男《ヲ》大《オ》迹《アトベ》の皇子《ヲオジ》と申ししが、当年《トオネン》御即位《ゴソクヰ》了《ヲサ》まりて、継体《ケイテイ》天皇と申すなり

ワキツレ 〽されば治《ヲサ》まる御代《ミヨ》の御《ミ》影《カゲ》、日《ヒ》の本《モト》の名もあひ《イ》にあ《オ》ふ《オ》

ワキ 〽大和《ヤマト》の国や玉穂《タマホ》の都《ミヤコ》に

ワキツレ 〽いま宮造《ミヤヅク》り

ワキ 〽あらたなり

官人
輿舁

天皇の恵みは万代まで久しく続き、富み栄える種となる稲も、秋空のもと豊かに実っている。露も時雨《しぐれ》も時を得て降り、四方《よも》の木々に色を添えて、初紅葉の季節を迎えた。松もまた千年の緑が鮮やかで、永遠に栄える御代に巡り合わせたようだ。さあ行幸の車を進めよう、行幸の車を進めよう。

[上ゲ歌]
ワキ
ワキツレ
〽萬代《ヨロヅヨ》の、恵《メグ》みも久し富《トミ》草《クサ》の、恵みも久し富草の、種《タネ》も栄《サカ》ゆく秋の空、露も時雨《シグレ》も時めきて、四方《ヨモ》に色添《ソオ》ふ初紅葉《ハツモミヂ》。松も千歳《チトセ》の緑《ミドリ》にて、常磐《トキワ》の秋に廻《メグ》り逢《オ》ふ、御幸《ミユキ》の車早めん、御幸の車早めん。

照日の前（狂女）と侍女の登場〔一声〕の囃子で照日の前（後シテ）が侍女（ツレ）を先立てて登場する。照日の前は唐織《からおり》の片袖を脱いだ狂女の姿。侍女は花筐を左手に持つ。照日の前は文を懐中し、また文を笹に付けて右手に持つなどする。二人は橋掛りで旅人に声を掛け、空を渡る雁《かり》を眺めた後、舞台に入る。照日の前は心が高ぶる様子で〔カケリ〕を舞う。越路《こしじ》を出て南へ向かう旅を続け、玉穂の宮に到着したと謡って橋掛りへ行く。各流の本文に小異がある。

〔一声〕小鼓・大鼓の演奏と笛の間奏による、リズムに乗った登場楽。後シテ・ツレはこの囃子の間に登場する。

照日の前　もうし、そちらを行く旅人よ、都への道を教えてください。なに、物狂《ものぐるい》ですって。物狂でも物を思う心があるからこそお尋ねするのに。どうして教えてくださらないのか、薄情な。

侍女　たとえ人は教えてくれなくても、都への道案内がございます。あれを御覧ください。雁《かり》が空を渡っています。

照日の前　なに、雁が空を渡っていると申すか。誠に、今思い出した。秋にはいつも雁が空を渡り南へ行く。

侍女　まちがいはございますまい。君がお住まいになる都とやらもそちらですから。

照日の前　雁の鳴く声を道案内の友と頼って、

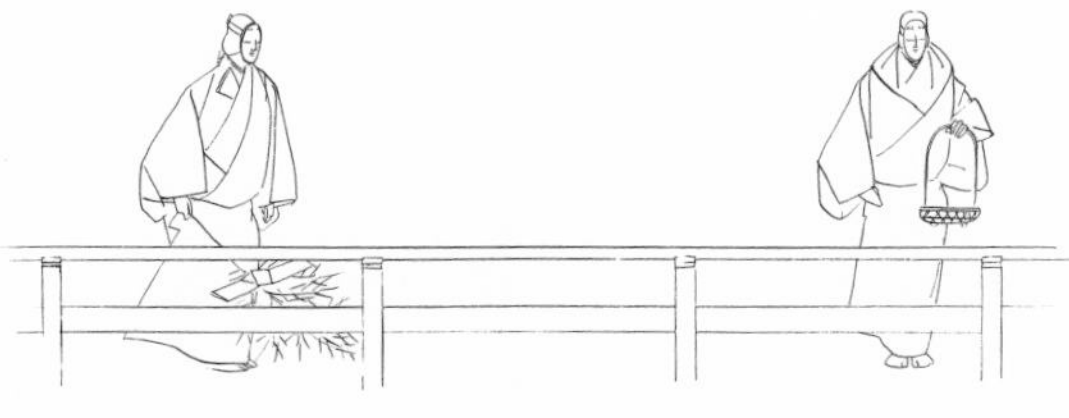

〔一声〕
〔(サシ)〕
シテ〽いかにあれなる旅人《タビビト》、都へ《エ》の道教《ミチヲシ》へ《エ》て賜《タ》べ、なに物《モノ》狂《グルイ》とや、物狂も思《オ》ふ心のあればこそ問《ト》へ《エ》、など情《ナサケ》なく教《ヲシ》へ《エ》給《タマ》は《ワ》ぬぞや。
〔掛ケ合〕
ツレ〽よしな《ノ》う《オ》人は教《ヲシ》へ《エ》ずとも、都へ《エ》の道しるべこそ候《ソオラ》へ《エ》、あれ御覧候《ゴランソオラ》へ《エ》雁《カリ》がねの渡《ワタ》り候《ソロ》
シテ〽なに雁《カリ》がねの渡るとや、げにいま思ひ《イ》出《ダ》したり、秋にはいつも雁がねの、南へ《エ》渡る天《アマ》つ空《ソラ》
ツレ〽虚言《ソラゴト》あらじ君が住む、都とやらんも其方《ソナタ》なれば
シテ〽声《コエ》をしるべの頼《タヨ》りの友と

侍女　私も連れ立って頼りとする雁は、越路の旅の道案内でございます。

照日の前　その上、有名な蘇武《そぶ》の旅雁《りょがん》といえば、

照日の前・侍女　雁は蘇武の手紙を付けて、南の都へ飛んだ。

地　雁よ、私もいっしょに南の都へ連れて行っておくれ。

〔カケリ〕笛・小鼓・大鼓の演奏する中、シテが舞台を一巡する。型も囃子も途中でテンポが急激に変わり、シテの不安や興奮を表す。

照日の前　宿を借りる時間も惜しむこの旅では、

地　気が急《せ》いて雁のように空を飛んで行きたい。

照日の前　我が君が住む都はどういう所か、越《こし》の白山《しらやま》ではないから知らないが、尋ねて行ってみたい。

ツレ〽我もたのむの雁がねこそ、連《ツ》れて越路《コシヂ》のしるべなれ

シテ〽その上名《ウエ》に負《オ》ふ蘇武《オソブ》が旅雁《リョガン》

［一セイ］

シテ・ツレ〽玉章《タマヅサ》を、付《ツ》けし南の都路《ミヤコヂ》に

地〽我をも共に連《ツ》れて行《ユ》け。

〔カケリ〕

シテ〽宿《ヤド》かりがねの旅衣《タビゴロモ》

地〽飛び立つばかりの心かな。

［サシ］

シテ〽君が住む越《コシ》の白山《シラヤマ》知らねども、行《ユ》きてや見まし足引《アシビキ》の、

**照日の前
侍女**

大和の国はどこにあるのか知らないが、白雲のかかる高間の山のように、遠くから眺めるだけで、入ることなど及びもつかない、我が君の御所はどこにあるのか。私はそのお姿が拝したくて、御威光があまねく照らす日本の、大和の国の玉穂の都に急いで行く。

地

ここは近江（あふみ）の湖であろうに、私は逢う身《あ(ふ)み》となれず、及ばぬ恋に身をやつして、浮舟のように浮かれ歩いている。

地

恋に焦《こ》がれて旅行く身には、信夫摺《しのぶず》りの衣を着ている。涙にも色があるらしく、衣は黒ずみ汚れている。飽《あ》いて別れたわけではなく、それからというもの、私はすっかり心の落ち着きをなくした。妻を恋う鹿のように、寝ても覚めても恋の思いに堪えかねて、我が君のもとへと旅をする。夜露朝露の置く秋草の山野を踏み分けて、私は玉穂の宮に到着した。玉穂の宮に到着した。

シテ
ツレ
〽大和《ヤマト》はいづく白雲《シラクモ》の、高《タカ》間《マ》の山《ヤマ》の外《ヨソ》にのみ、見てや止《ヤ》みなん及《オヨ》びなき、雲居《クモヰ》は何処《イヅク》御影山《ミカゲヤマ》、日《ヒ》の本《モト》なれや大和《ヤマト》なる、玉穂《タマホ》の都に急ぐなり。

［下ゲ歌］

地 〽此処《ココ》は近江《オオミ》の湖《ウミ》なれや、みづからよしなくも、及ばぬ恋に浮舟《ウキフネ》の。

［上ゲ歌］

地 〽こがれ行《ユ》く、旅を忍《シノブ》の摺《スリ》衣《ゴロモ》、旅をしのぶの摺衣、涙《ナミダ》も色か黒髪《クロカミ》の、あかざりし別路《ワカレヂ》の、あとに心の浮かれ来《キ》て。鹿《シカ》の起臥《オキフシ》堪《タ》へ《エ》かねて、なほ通《カヨ》ひ行《イユ》く秋草《アキクサ》の、野くれ山くれ露《ツユ》分《ワ》けて、玉《タマ》穂《ホ》の宮《ミヤ》に着きにけり、玉穂の宮に着きにけり。

6

照日の前の狂乱　官人（ワキ）が立ち上がり、行幸の前方を警戒するところへ、狂女二人（後シテ・ツレ）が進み出る。両者の［問答］において官人は侍女の持つ花筐を扇で打ち落とし、二人は皇子の花筐を打ち落としては罰が当たると反発する。照日の前の［クルイ］では、照日の前は皇子が神前に花を供えて礼拝していた頃の面影を慕い、恋慕の情を募らせて泣き叫ぶ。

［（掛ケ合）］のワキの「きよめけり」を金剛は「払ひけり」とする。続く「さなきだに…」を観世・金剛はシテ、同じく「さこそ心は…」をシテ・ツレ二人で謡うところを、宝生・喜多は通して二人が、金春は通してシテが謡う。その他、各流の本文に小異がある。

官人　今日はまだ九月とあって、時雨の季節ではなく紅葉の色も薄いが、行幸の路傍に不審者がいてはならぬと、各々警戒して行列の御前を清めて

［（掛ケ合）］

ワキ〽時《トキ》しも頃は長月《ナガヅキ》や、まだき時雨《シグレ》の色うすき、紅葉《モミヂ》の御幸《ミユキ》の道の辺《ホトリ》に、非形《ヒギョオ》を戒《イマシ》め面《メン》々に、御幸の御前《ミサキ》をき

いる。

照日の前　私は都に不慣れな田舎者である上、女であり狂人でもある。

照日の前 侍女　それやこれやで心が都になじめず、楢《なら》の葉が風に乱れるように行列の御前に進み出た。

官人　けしからん。常人とは異なる様子の狂女と見える。見苦しい。そう言って官人は二人に近寄り、追い払った。そこを退きなさい。

侍女　ああひどい。君のお花籠を打ち落とされました。なんとまあ。

照日の前　なに、お花籠を打ち落とされたと。なんと不敬なことを。

官人　おい狂女よ。そなたの持つ花籠を君のお花籠と大げさに言うが、そもそも君とはだれのことを言うのか。

よめけり

シテ〽さなきだに都に馴《な》れぬ鄙人《ヒナビト》の、女《ヲンナ》と云《イ》ひ狂人《キヨオジン》と云《イ》ひ

シテ ツレ〽さこそ心は楢《ナラ》の葉の、風も乱るる露霜《ツユシモ》の、御幸《ミユキ》の前《サキ》に進みけり。

［問答］

ワキ〽不思議やなその様《サマ》人に変《カワ》りたる、狂女《キヨオヂヨ》と見《ミ》えて見苦《グル》しやとて、官人《クワンニン》立ち寄り払《ハラ》ひけり、其処《ソコノ》退き候《ソオラエ》へ

ツレ〽あら悲しや君の御《オン》花筐を打ち落されて候は如何《イカ》に

シテ〽何《ナニ》と君の御花筐を打ち落されたるとや、あら忌《イマワ》はしの事や候《ソオロ》

ワキ〽いかに狂女、持ちたる花《ハナ》籠《カゴ》を君の御花筐とて渇仰《カツゴオ》するは、そも君とは誰《タ》が事を申すぞ

照日の前　今さら何をお尋ねになるのか。この君以外に日本に別の君がおられますか。

侍女　私たちが女の狂人だからといって、何も知らないとお思いになるのか。恐れ多くもこの君は、応神天皇五代の皇孫であられる。先ごろまで北国の、味真野という山里に、

照日の前　男大迹の皇子と申し上げていたが、

侍女　今はこの国の玉穂の都にお移りになり、

照日の前　継体の君と申し上げるのですね。

侍女　ですから、これほど御立派な君の、

照日の前　お花籠を恐れもせずに、

侍女　打ち落とされたあなた方こそ、

照日の前　私以上に物狂ですぞ。

シテ　〽事新《コトアタラ》しき問《ト》ひ事《イゴト》かな、この君ならで日の本に、また異君《コトキミ》のましますべきか

ツレ　〽我等《ワレラ》は女の狂人《キョオジン》なれば、知らじと思《オボ》し召《メ》さるるか、忝《カタジケナ》くもこの君は、応神《オオジン》天皇五代《イツヨ》の御孫《オンマゴ》、過ぎし頃まで北国《キタグニ》の、味真野《アヂマノ》と申す山里に

シテ　〽男《ヲ》大《オ》迹《アトベ》の皇子《ヲオジ》と申ししが

ツレ　〽今はこの国玉穂《タマホ》の都に

シテ　〽継体《ケイテイ》の君と申すとかや

ツレ　〽さればかほどにめでたき君の

シテ　〽御花筐を恐れもなさで

ツレ　〽打ち落《オト》し給《タモオ》ふ人々こそ

シテ　〽我よりもなほ《オ》物狂よ

地　恐ろしや、恐ろしや、世は末世になったといえ、日も月も地に落ちていません。まだ散りもしない尊いお花籠を、あなた方は荒々しくも地面に打ち落とされました。忽《たちま》ち天の咎《とが》めを受け罰が当たりますぞ。私のように気が狂い、物狂の仲間と言われましょう。人から物狂と言われなさいますな。人から物狂と言われなさいますな。

照日の前　このように申すと、

地　このように申すと、ただ正気をなくした者が、花籠の恨みを言うとお思いでしょうか。この君はまだその頃は皇子の御身分でしたが、毎朝のお勤めに花を供えて礼拝し、「天照皇大神宮にお祈りいたします。天地は永遠に続きます。国土も久しく栄えますように」とお唱えになって、お手を合わせておられた面影は、今も我が身に寄り添って忘れることができません。忘れ形見の花籠までも、私にはお懐かしく恋しく思われます。

［クルイ］

地　〽恐ろしや、恐ろしや、世は末世《マッセ》に及ぶといへ《エ》ど、日《ニチ》月《グワッ》は《タ》地《チ》に落ちず、まだ散りもせぬ花筐を、荒《アラ》けなや　あらかねの、土《ツチ》に落し給は《ワ》ば、天《テン》の咎《トガ》めも忽《タチマ》ちに、罰《バチ》あたり給ひ《タマイ》て、我が如《ゴト》くなる狂気《キヨオキ》して、友の物狂《モノグルイ》と、言は《ワ》れさせ給ふ《オ》な、人に言は《ワ》れさせ給《タモ》ふ《オ》な。

シテ〽かや《ヨ》う《オ》に申せば

地　〽かや《ヨ》う《オ》に申せば、ただ現《ウツツ》なき花筐の、託言《カゴト》とや思《オボ》すらん、この君いまだその頃は、皇子《ヲオジ》の御身《オンミ》なれど、朝《アサ》毎《ゴト》の御勤《オンツト》めに花を手向《タム》け礼拝《ライハイ》し、南無《ナム》や天照皇大《テンショオクヲオダイ》神宮《ジングウ》、天長地久《テンチヨオチキウ》と、称《トナ》へ《エ》させ給ひ《タマイ》つつ、御手《ミテ》を合《ア》は《ワ》させ給ひ《イ》し御面影《オンノモカゲ》は身《ミ》に添《ソ》ひ《イ》て、忘《ワス》れ形《ガタ》見《ミ》までも、お懐《ナツ》かしや恋しや。

照日の前　「陸奥《みちのく》の安積《あさか》の沼の花かつみ」と歌（『古今和歌集』恋歌四・読人しらず）に詠まれるように、

地　わずかに情を交わしただけで、私は我が君を慕い続け、また「陸奥の信夫もじ摺り」と歌（『古今和歌集』恋歌四・源融）に詠まれるとおり、信夫もじ摺りの乱れ模様のように、私の心は我が君ゆえに乱れています。我が君とは玉穂の都に来てまでも隔てられ、月の都と言うのも名ばかりです。月影を袖に受けることも、手に取ることもできず、水に映る月を手に取ろうとする猿のように、私はかいのない恋をむやみに嘆いて、大声を上げ泣き伏すばかりです。

7

照日の前の前奏舞　官人（ワキ）が天皇の車の前で面白く舞い狂うようにとの宣旨《せんじ》を伝える。泣き崩れていた照日の前（後シテ）は立ち上がり、侍女（ツレ）と二人で舞い狂うことにする。実際の舞台では照日の前一人が、囃子に連れて静かに舞

シテ〽陸奥《ミチノク》の、安積《アサカ》の沼《ヌマ》の花がつみ

地〽かつ見し人を恋種《コイグサ》の、忍《シノブ》捩摺誰故《モヂズリタレユエ》ぞ、乱《ミダ》れ心《ゴコロ》は君の為、此処《ココ》に来てだに隔《ヘダ》てある、月の都は名のみして、袖《ソデ》にも移《ウツ》されず、また手にも取られず、ただ徒《イタヅ》らに水《ミヅ》の月《ツキ》を、望《ノゾ》む猿《サル》の如くにて、叫《サケ》び伏《フ》して泣《ナ》き居《ヰ》たり、叫び伏して泣き居たり。

台を一巡する〔イロエ〕。本段では天皇の宣旨が照日の前の気分を一新させ、〔イロエ〕を舞う内に「御前を払ふ」覚悟が固まる。
各流の本文に小異がある。

官人　おい狂女、天皇のお言葉であるぞ。お車の近くへ参り、ぜひとも面白く舞い狂ってみせなさい、御覧になるとのことであるぞ。急いで舞い狂ってみせなさい。

照日の前　ああうれしい。それでは、及ばぬ我が身ながら、尊いお姿を拝めるかも知れない。さあ舞い狂いましょう、二人いっしょに。

照日の前 侍女　行幸の御前で舞い狂えば、

地　翻す袂が御前を払い清めることになりましょう。

〔イロエ〕笛・小鼓・大鼓の演奏する中、後シテが舞台を一巡する。次段の曲舞の序奏舞となる。

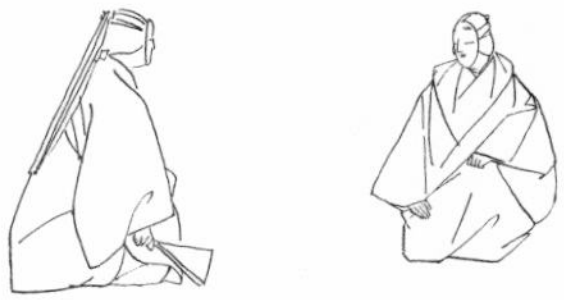

[問答]

ワキ〽いかに狂女、宣旨《センジ》にてあるぞ、御車《オンクルマ》ちか《コ》う《オ》参りて、いかにも面白《オモシロ》う《オ》狂《クル》うて舞《マ》ひ《イ》遊び候へ《エ》、叡覧《エイランナ》あるべきとの御事《オンコト》にてあるぞ、急いで狂ひ《イ》候《ソオラ》え《エ》

シテ〽嬉しやさては及《オヨ》びなき、御影《ミカゲ》を拝《ヲガ》みや申すべき、いざや狂はん《ワ》諸共《モロトモ》に

[一セイ]

シテ ツレ〽御幸《ミユキ》に狂ふ《ウ》囃《ハヤシ》こそ

地〽御前《ミサキ》を払《ハロ》ふ《オ》袂《タモト》なれ。

〔イロエ〕

8

照日の前の語リ舞　照日の前（後シテ）は李夫人《りふじん》を失った漢王武帝の悲しみを内容とする謡い物「李夫人の曲舞《くせまい》」を謡い、謡の言葉に合わせて時々表意の型を交え、ほぼ定型の舞グセを舞う。舞い終えて常座《じょうざ》で正面を向いて座る。

［サシ］の「好色」を宝生・喜多は「紅色」と表記する。［クセ］の「父帝」を喜多は「武帝」と表記する。「くわすゐ国」を宝生は「華蕊国」、金春は「歌吹国」、喜多は「花蘂国」と表記する。「月秋なるに」を金剛・喜多は「月明なるに」と表記する。その他、各流の本文に小異が少なくない。なお「嬖妾」（寵姫の意）は金春は「ヘイショオ」と読み、他の四流は「ヘキショオ」と読む。鎌倉時代の説話集『唐鏡』には「上界、碧落、花蘂宮」と見え、この「碧落《へきらく》」は「碧霄《へきしょう》」（青空の意）に通じる。

照日の前　恐れ多い譬えごとでありますが、どういうことかと申せば、漢王は、

［サシ］
シテ〽忝《カタジケナ》き御例《オンタトエ》なれども如《イ》
何《カ》なれば漢王《カンノオ》は

地
李夫人との死別をお嘆きになり、朝の御政務を怠られ、夜は御寝所でさびしいひとり寝をなさいました。ただもう思いの涙で御衣の袂を濡らされる有様でした。

照日の前
また李夫人は美貌の名声がありましたが、

地
美しいお姿は花が萎《しお》れるように衰え、余命わずかな病床で、鏡に映るやつれた姿を恥じて、とうとう帝にお会いにならず、お亡くなりになりました。

地
帝は深くお嘆きになり、李夫人のお姿を甘泉殿《かんせんでん》の壁に描かせ、御自身もその絵に寄り添って、明け暮れお嘆きになりました。けれどもかえって思いは増し、それなのに李夫人と言葉を交わすことができないと、深くお嘆きになるので、李少というまだ御幼少の太子が父帝に奏上なさるには、

照日の前
「李夫人は本来は

地 ヘ李夫人《リフジン》の御別《オンナカ》れを歎《ナゲ》き給ひ《タマイ》、朝政《アサマツリゴト》神《カミ》さびて、夜《ヨル》の大殿《オトド》も徒《イタヅ》らに、ただ思ひ《イ》の涙《ナンダ》御衣《ギョイ》の袂《タモト》を濡《ヌ》らす

シテ ヘまた李夫人は《リフジンナ》好色《コオショク》の

地 ヘ花のよそほひ《オイ》衰《オトロ》へ《エ》て、萎《シヲ》るる露《ツユ》の床《トコ》の上《ウエ》、塵《チリ》の鏡《カガミ》の影を恥《ハ》ぢて、終《ツイ》に帝《ミカド》に見《ミ》え給は《ワ》ずして去り給ふ《オ》。

［クセ］
地 ヘ帝《ミカド》深く、歎《ナゲ》かせ給ひ《イ》つつ、その御容《オンカタチ》を、甘泉殿《カンセンデン》の壁《カベ》に写《ウツ》し、我も画図《グワト》に立ち添ひ《ソイ》て、明暮《アケクレ》歎《ナゲ》き給ひ《イ》けり。されどもなかなか、御《オン》思ひ《ノモイ》は増《マサ》れども、もの言ひ《イイ》交は《カワ》す事なきを、深く歎《ナゲ》き給へ《エ》ば、李少《リショオ》と申す太子《タイシ》の、稚《イトケナ》くましますが、父帝《ブテイ》に奏《ソオ》し給ふ《タモオ》やう《ヨオ》。

シテ ヘ李夫人は《リフジンナ》本《モト》はこれ、

地　天上界の空のかなた、花蘂国《かすい》の仙女でありま す。一旦人間界に生まれましたが、結局本来の仙宮に帰りました。泰山府君《たいさんぷくん》にお願いして、李夫人のお姿をしばらく招き寄せるのがよいでしょう」と。そこで帝は、色々の花模様を織り出した帳《とばり》の内で、反魂香《はんごんこう》を焚《た》かれました。夜が更け人も寝静まった頃、風が激しく吹いて、秋の月の明るい光のもと、李夫人らしい姿が、ほのかにちらついて見えました。帝はますます物思いを募らせましたが、李夫人の面影は草の葉先に結ぶ白露のように手に取る間もなくむなしく消えました。遠くかすかになり行く先は尋ねようもありません。

照日の前　帝は悲しさのあまりに、

地　李夫人が住み慣れた甘泉殿を立ち去らず、夫人のいない寝床の塵を払い、以前の夜具や枕を用いて、さびしくひとり寝をなさるのでした。

地　〽上界《ジョオカイ》の嬖妾《ヘキショオ》、く《クワ》わすゐ国《コク》の仙女《センヂョ》なり、一旦人間《イッタンニンゲン》に、生《ン》まるるとは申せども、終《ツイ》に本《モト》の仙宮《センキウ》に帰りぬ、泰山府君《タイサンプク》に申さく、李《リ》夫人《フジン》の面影《オモカゲ》を、しばらく此《コ》処《コ》に招《マネ》くべしとて、九華《キウクワ》帳《チョオ》の裏《ウチ》にして、反魂香《ハンゴンコオ》を炷《タ》き給ふ《オ》。夜更《ヨフ》け人静まり、風すさましく、月秋《ツキアキ》なるに、それかと思ふ《オ》面影《オモカゲ》の、あるかなきかにかげろへ《エ》ば、なほ《オ》弥増《イヤマシ》の思ひ《イ》草《グサ》、葉《ハ》末《ズヱ》に結ぶ白露《シラツユ》の、手にもたまらで程もなく、ただ徒《イタヅ》らに消えぬれば、漂渺《ヘウビョオ》悠揚《イウヨオ》としては又、尋ぬべき方《カタ》なし。

シテ　〽悲しさの余りに、

地　〽李夫人《リフジン》の住み馴《ナ》れし、甘《カン》泉殿《センデン》を《ノ》立ち去らず、空《ムナ》しき床《トコ》をうち払ひ《イ》、故《フル》き衾《フスマ》旧《フル》き枕《マクラ》、ひとり袂《タモト》をかたしく。

9

照日の前と天皇の対面　官人（ワキ）は花筐を差し出せとの宣旨を伝え、照日の前（後シテ）は侍女（ツレ）の持つ花筐を受け取って、官人に手渡す。官人は跪《ひざまず》いて花筐を天皇に捧げる。官人は天皇が照日の前を認知し、元のように召し使うと仰せであると伝える。照日の前は花筐の功徳《くどく》を思い、天皇の誠実さに感謝する。照日の前は天皇が輿舁《こしかき》と官人を従えて還幸する後ろ姿を見送り、自身も玉穂の都に伴われて行く（常座で留拍子を踏む）。

各流の本文に小異が少なくない。

なお、観世流の小書「安閑留（女御留）」の場合は、［ノリ地］の代わりに照日の前が安閑天皇を産み国母となることを言い添えて、花筐の徳を強調する。これが古形と推定される。

官人　天皇のお言葉であるぞ。その花籠を御前に差し上げなさい。

［掛ケ合］

ワキ〽宣旨《センジ》にてあるぞ、その花筐を参らせ上《ア》げ候へ《ソオラエ》

照日の前　あまりのことに胸が詰まり、心は上《うわ》の空《そら》となってお恥ずかしい次第ですが、花籠を差し上げます。

官人　帝はこれを御覧になって、疑いもなく田舎でお使い慣れたお花籠、同じく残し置いたお手紙である、約束を果たしていない恨みを忘れて、狂気を止めよ、もとのとおり召し使おう、とのお言葉であります。

照日の前　誠にもったいないお恵みです。思えばこの君が即位され政道正しい御代に戻るのも、私が正気に返り再びこの君にお仕えするのも、どちらも花籠を持ち続けたおかげです。

官人　お二人が共々栄える時節を迎え、

照日の前　花の筐《かたみ》という言葉が残って、

官人　恋しい人の手に馴れた物を、

シテ〽余りの事に胸塞《ムネフサ》がり、心《ココロ》空《ソラ》なる花筐を、恥《ハヅ》かしながら参らする

ワキ〽帝《ミカド》はこれを叡覧《エイラン》あ《ナ》つて、疑《ウタガ》　ひ《イ》もなき田舎《デンジャ》にて、御《オン》手《テ》馴《ナ》れし御《オン》花筐、同じく留《トド》め置き給《タマ》ひ《イ》し、御玉章《オンタマヅサ》の怨《ウラ》みを忘れ、狂気《キョオキ》を止《トド》めよ故《モト》の如く、召し使《ツカ》は《ワ》んとの宣旨《センジ》なり

シテ〽げにありがたや御恵《オンメグ》み、直《スグ》なる御代《ミヨ》に帰るしるしも、思へ《エ》ば保《タモ》ちし筐《カタミ》の徳《トク》

ワキ〽かれこれ共に時に遇《オ》ふ《オ》

シテ〽花の筐の名を留《ト》めて

ワキ〽恋しき人の手馴《テナ》れし物《モノ》を

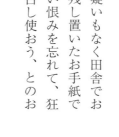

照日の前　形見《かたみ》と名付けるようになりましたが、

官人　それはこの時から、

照日の前　始まったのです。

地　もったいないことにこの君は、これほど広く情けをお掛けになり、だれもが恩恵にあずかります。私にも言い訳なさらずお約束を果たしてくださいました。誠に稀有なこの君のお心です。

地　紅葉の行幸ももはや時が過ぎ、行幸ももはや時が過ぎて、今は帝にお帰りいただこうと、供奉《ぐぶ》の人々はお車を進め続ける。山風に紅葉が散り飛び、行列の行く先を払い清める。私の袂も山風になびき、玉穂の都に誘われて行く。こうして尽きない契りを結べたのはありがたいことである。

シテ　〽形見《カタミ》と名づけ初《ソ》めし事

ワキ　〽この時よりぞ

シテ　〽始まりける

［歌］

地　〽ありがたや斯《カ》くばかり、情《ナサケ》の末《スヱ》を白露《シラツユ》の、恵《メグ》みに洩《モ》れぬ花筐の、御託言《オンカゴト》ましまさぬ、君の御《ミ》心《ココロ》ぞありがたき。

［ノリ地］

地　〽御遊《ギョイウ》も既《スデ》に、時過《トキス》ぎて、御遊も既に、時過《トキス》ぎて、今は還幸《クワンコオ》、なし奉《タテマツ》らんと、供《グ》奉《ブ》の人々、御車《オンクルマ》遣りつづけ、栬葉《モミヂバ》散り飛ぶ、御前《ミサキ》を払《ハロ》ひ、払《ハロオ》ふや袂《タモト》も、山風《ヤマカゼ》に、誘《サソ》はれ行《ユ》くや、玉穂《タマホ》の都《ミヤコ》、誘《サソワ》はれ行くや、玉穂の都に、尽《ツ》きせぬ契《チギ》りぞ、ありがたき。

〈花筐〉の舞台

観世流シテ方・河村　晴久

舞台に使者（ワキツレ）が登場し、男大迹《おおあとべ》の皇子が天皇となるため、にわかに上洛したことを説明する。橋掛りを進み、揚幕に向かうと、そこは照日《てるひ》の前（前シテ）の実家。説明を聞き、玉章《たまずさ》（手紙）と花筐（花籠）を受け取った照日の前は舞台に進み、巻紙を開いて手紙を読む。この部分は〔文〕といわれ、実は白紙を持って右から左へと読み進む。照日の前は悲しみに沈み舞台から一旦幕に入る。（中入）

ここで場面は一転する。季節は春から秋へ、所は大和国玉穂の都。皇子は即位して継体天皇となっている。〔次第《しだい》〕の演奏にのって、天皇（子方）、輿舁《こしかき》（ワキツレ）、官人（ワキ）が紅葉狩に出かける。天皇など高貴な役は子方で表現される。天皇の上に屋根のような物がかざされるが、これは身分の高い人の乗る輿《こし》を表し、輿の上に座り、舁《か》き上げられている表現である。

一行が座着くと、また場面は変わり、ノリのよい〔一声《いっせい》〕の囃子になって、狂女となった照日の前（後シテ）と侍女（ツレ）が登場する。〔翔《かけり》〕では、囃子に合わせて舞台を巡る。具体的な意味を持たない所作で、心の緊張と弛緩《しかん》を表している。二人は越前から大和へと進み、継体天皇と行き逢い、その列を遮《さえぎ》る。官人に花筐を打ち落とされ、照日の前はこの花筐と天皇を慕う心を多くの所作で語る。〔狂《くるい》〕といわれる型どころである。また御前近く呼ばれ、「李夫人《りふじん》の曲舞《くせまい》」を舞い恋慕の心を描く。こちらも、所作、謡とも魅力的な箇所である。

終末、天皇は花筐を見て照日の前であることを知り、再び召し使うこととする。謡も大ノリになり、大変ノリよく、皆連れだって都に帰ってゆく。

替えの演出では装束の着付けを替えたり、花籠を持って〔狂〕を舞ったり、「恐ろしや」（19頁）のあとに囃子事が入って舞台を一巡したり、結末の謡を古態に戻したり、様々である。〔文〕に言う「秋の頼み」の通り、季節が巡って再会、幸せな結末へと、長大な能ながら、緊張感のある展開で舞台が進んでゆく。

面《おもて》—若女《わかおんな》など。

紅入鬘帯《いろいりかづらおび》—金箔や銀箔を摺《す》りつけた上に刺繍をした帯。若い女の役には赤色（紅）の入ったものを使う。

花籠《はなかご》—竹を編んだ籠に木の葉を入れる。替えの演出では色花を入れる。

唐織《からおり》—金糸や色糸で文様を織りだした浮織物《うきおりもの》の装束、能装束を代表する豪華な物。若い女性の役には、赤い色を使った紅入《いろいり》唐織を用いる。花筺の場合は、前シテは常の唐織着流しの着付けで、後シテは右肩を脱ぎ下げる。これで狂女の心乱れた様子を表す。他の曲では舟を漕ぐなど、労働のために脱ぎ下げることもある。
演出により水衣《みずごろも》を上衣に着ることもあり、また縫箔《ぬいはく》を両肩から脱ぎ下げ、その上に唐織などを壷折《つぼおり》に重ね着し、首から守袋を下げ、笠を着て旅姿を表すこともある。その時には侍女が右肩を脱ぎ下げる。

中啓《ちゅうけい》—鬘扇《かずらおうぎ》。先端が広がった扇。

輿《こし》—竹で天蓋《てんがい》の形を作り、頂部には金襴《きんらん》、外周との間に紅緞《こうだん》（赤色の入った飾り帯）を巡らし、両横に白布を巻いた竹を付ける。ワキツレ二人で持ち上げて、子方の上にかざす。能では三人が歩むが、貴人が輿《こし》に座り、舁《か》き上げられていることを表す。

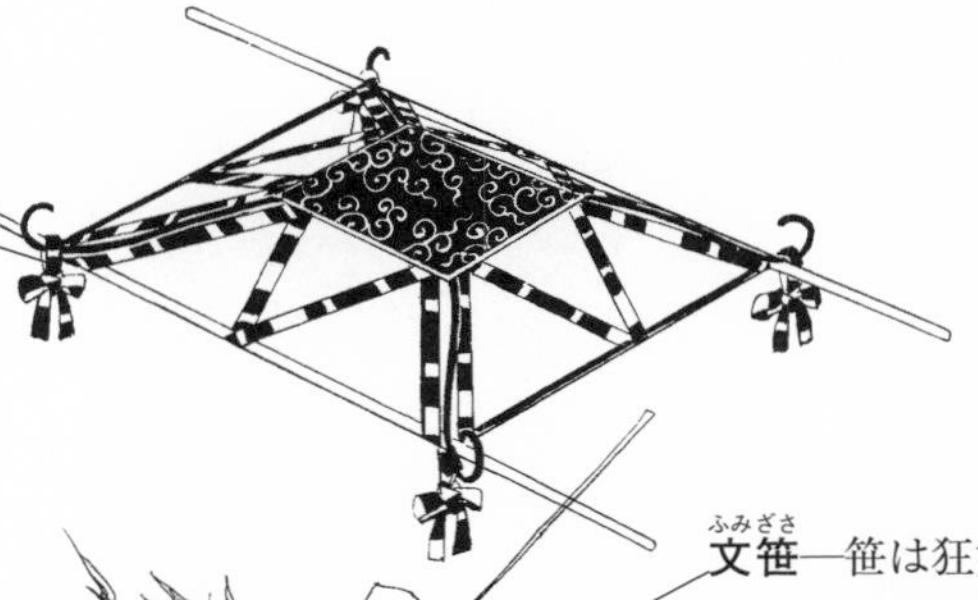

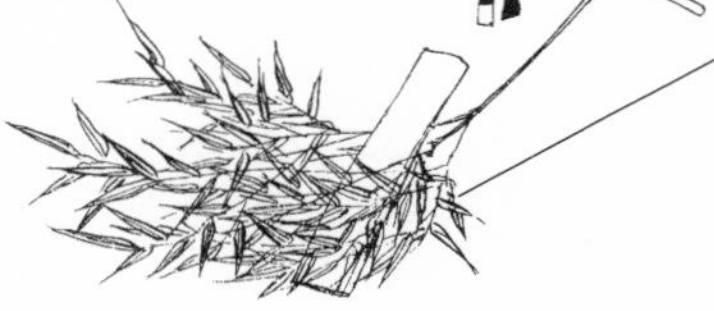

文笹《ふみざさ》—笹は狂女が手に持つ採物。笹の種類は寒竹。〈花筺〉では前場で読んだ巻紙の文を笹に付ける。笹を手放した後は、その文を大切に懐《ふところ》に入れる。

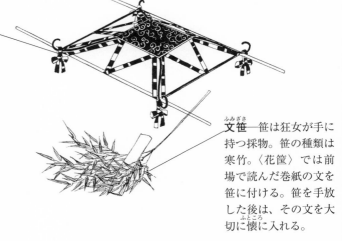

能の豆知識

シテ　能の主役。前場のシテを前シテ、後場を後シテという。

ワキ　シテ（主役）の相手役。脇役のこと。

ツレ　シテやワキに連なって演じる助演的な役。シテに付くものをツレ（シテツレともいう）、ワキに付くものをワキツレという。

間狂言《あいきょうげん》　能の中で狂言方が演じる役。アイともいう。狂言方の主演者をオモアイ、助演者をアドアイとよぶ。

地謡《じうたい》　能・狂言で数人が斉唱する謡。謡本に「地」と書いてある部分。地ともいう。能では舞台右側の地謡座と呼ばれる場所に八人が並び謡う。シテ方が担当する。

後見《こうけん》　舞台の後方に控え、能の進行を見守る役。装束を直したり小道具を受け渡しするなど、演者の世話も行う。

後見座《こうけんざ》　鏡板左奥の位置。後見をつとめるシテ方（普通は二人、重い曲は三人）が並んで座る。

見所《けんしょ》　能の観客及び観客席のこと。舞台正面の席を正面、舞台の左側、橋掛りに近い席を脇正面、その間の席を中正面と呼ぶ。

物着《ものぎ》　能の途中、舞台で衣装を着替えたり、烏帽子などをつけたりすること。後見によって行われる。

中入《なかいり》　前・後半の二場面に構成された能で、前場の終りに登場人物がいったん舞台から退場することをいう。

床几《しょうぎ》　椅子のこと。能では鬘桶《かづらおけ》（鬘を入れる黒漆塗りの桶）を床几にみたてて、その上に座る。

作《つく》り物《もの》　主として竹や布を用いて、演能のつど作る舞台装置。

〈花筐〉のふる里

味真野

福井県越前市味真野

北陸新幹線越前たけふ駅またはハピラインふくい武生駅下車。

味真野はこの地に流された中臣宅守《なかとみのやかもり》と、都に留まる狭野弟上娘子《さののおとがみおとめ》とが交わした贈答歌六十三首（『万葉集』巻第十五）で知られる。越前市余川町《よかわちょう》にある「万葉の里味真野苑万葉館」には継体天皇と照日の前の銅像が、また近接する味真野神社（同市池泉町《いけいずみちょう》）には「謡曲花筐発祥之地」の石碑が、それぞれ設置されている。さらに同市粟田部町《あわたべちょう》には岡太《おかふと》神社境内に花筐《かきょう》公園があり、粟田部の治山・治水等に皇子が尽力したと伝える。隔年で花筐薪能が催されている。

玉穂の都

奈良県桜井市南西部から橿原《かしはら》市東部の地。

近鉄大福駅またはＪＲ香具山駅下車

継体天皇が玉穂の宮を置いた磐余《いわれ》の地は、古代大和の政治の中心として、磐余稚桜宮《いわれのわかざくら》、磐余甕栗宮《いわれのみかぐり》など諸宮が営まれたと伝える。

（西村聡）

お能を習いたい方に

能の謡や舞、笛、鼓に興味をもたれたら、ちょっと習ってみませんか。どなたでも能楽師からレッスンを受けられます。関心のある方は、能楽堂や能楽専門店（檜書店☎０３-３２９１-２４８８　わんや書店☎０３-３２６３-６７７１　能楽書林☎０３-３２６４-０８４６など）に相談すれば能楽師を紹介してくれます。またカルチャーセンターでもそうした講座を開いているところがあります。

■鑑賞に役立つ　能の台本／観世流謡本・金剛流謡本

観世流謡本（大成版）

謡本は能の台詞やメロディー、リズムを記した台本兼楽譜。江戸時代から数々の修正や工夫をかさねて現在の形になった。謡本には他に、作者・作品の背景・節や言葉の解説・舞台鑑賞の手引き・配役・能面や装束附なども掲載されていて、鑑賞のための予備知識を得るにはとても便利。また、一般の人が、能楽師について能の謡や舞を稽古する時の教科書でもある。

曲　目／『花筺』他、二一〇曲
表　紙／紺地金千鳥
サイズ／半紙判（154×227ミリ）
用　紙／特別に漉いた和紙
製　本／和綴
定　価／各三〇〇〇円〜三三〇〇円（税込）

観世流謡本縮刷版

前記観世流謡本の縮刷版。古くより豆本・小本と呼ばれハンドバックやポケットに入り、携帯に便利であると愛用されている。

曲　目／『花筺』他、二一六曲
表　紙／紺地千鳥
サイズ／B7判・定価／一五〇〇円（税込）

☆ 現代語で理解する能の世界 ☆

対訳でたのしむ能シリーズ

【本シリーズの特色】
○流儀を問わず楽しんでいただける内容
○現代語訳と詞章・舞台演能図も掲載
○演者が語る能の見どころや魅力
○装束・能面・扇、曲の旧跡の紹介
○観能のガイド、詞章の理解を深める手引きとして最適

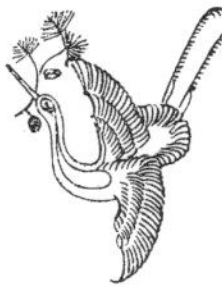

著　竹本幹夫　三宅晶子　西村　聡
稿　河村晴久

A5判／二四～四〇頁
定価／各七七〇円（税込）

◆既刊
葵上／安宅／安達原／敦盛／海士／井筒／鵜飼／善知鳥／杜若／花月／葛城／鉄輪／通小町／邯鄲／砧／清経／鞍馬天狗／小鍛冶／桜川／俊寛／隅田川／千手／卒都婆小町／高砂／土蜘蛛／定家／天鼓／道成寺／融／野宮／羽衣／半蔀／花筐／班女／百万／船弁慶／巻絹／松風／三井寺／三輪／紅葉狩／屋島／熊野／養老／弱法師

◆以下発売予定
賀茂／景清／恋重荷／西行桜／殺生石／忠度／田村／巴／遊行柳　ほか

まんがで楽しむ能・狂言

文／三浦裕子　漫画／小山賢太郎　監修／増田正造

能・狂言の鑑賞、舞台・装束・能面などの知識、登場人物や物語の紹介、楽屋の様子までをまんがでわかりやすく解説した初心者に恰好の入門書。

A5判・定価一三二〇円（税込）

まんがで楽しむ能の名曲七〇番

文／村　尚也
漫画／よこうちまさかず

〝初心者からマニアまで楽しめる〟

名曲七〇番のストーリーをまんがでわかりやすく紹介。はじめて能をご覧になる方にも恰好のガイドです。能を観る前、観た後で二度楽しめる。巻末に能面クイズ付き。

A5判・定価一三二〇円（税込）

まんがで楽しむ狂言ベスト七〇番

文／村　尚也
漫画／山口啓子

〝エスプリ、ウィット、狂言の本質を味わう〟

舞台を観ていればなんとなくわかった気がする狂言を、まんがで別照射することで、その裏側や側面を覗き、使い慣れた現代語でこそ味わえる爽快感を楽しめます。

A5判・定価一三二〇円（税込）

税率10%の表示価格です